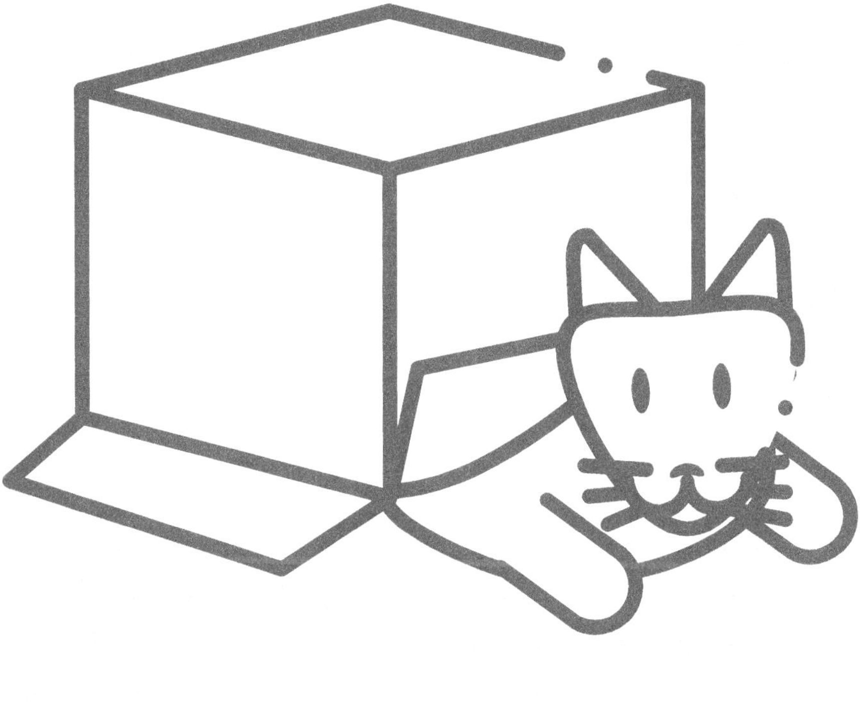

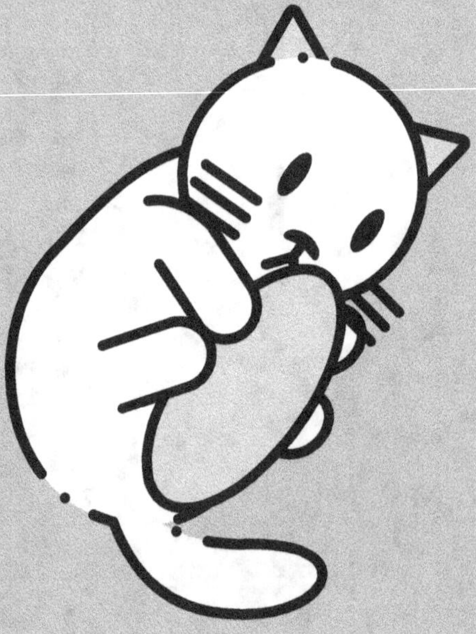

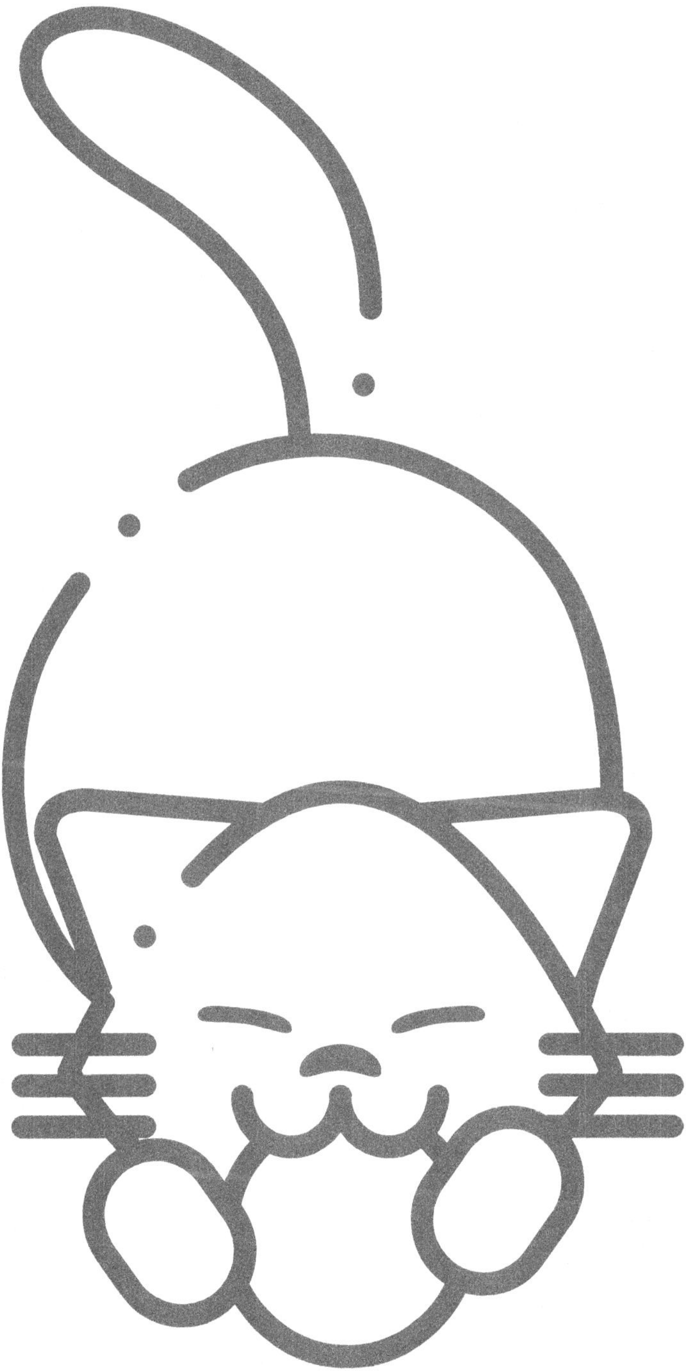

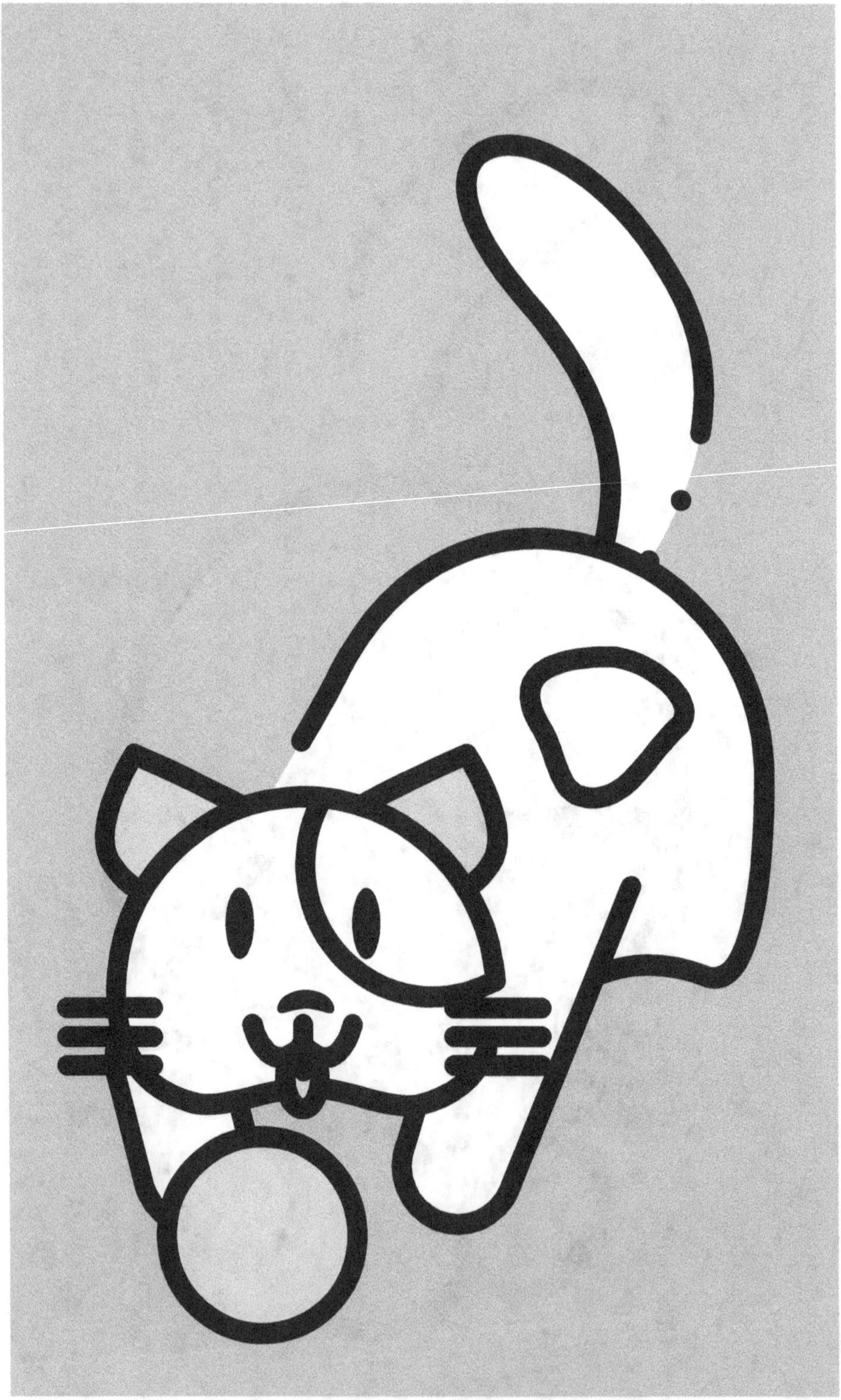

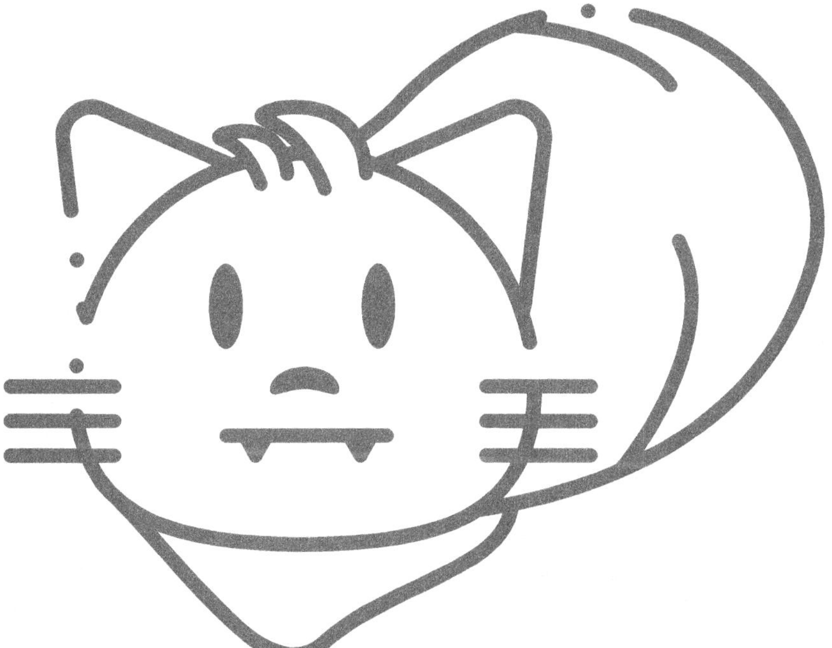

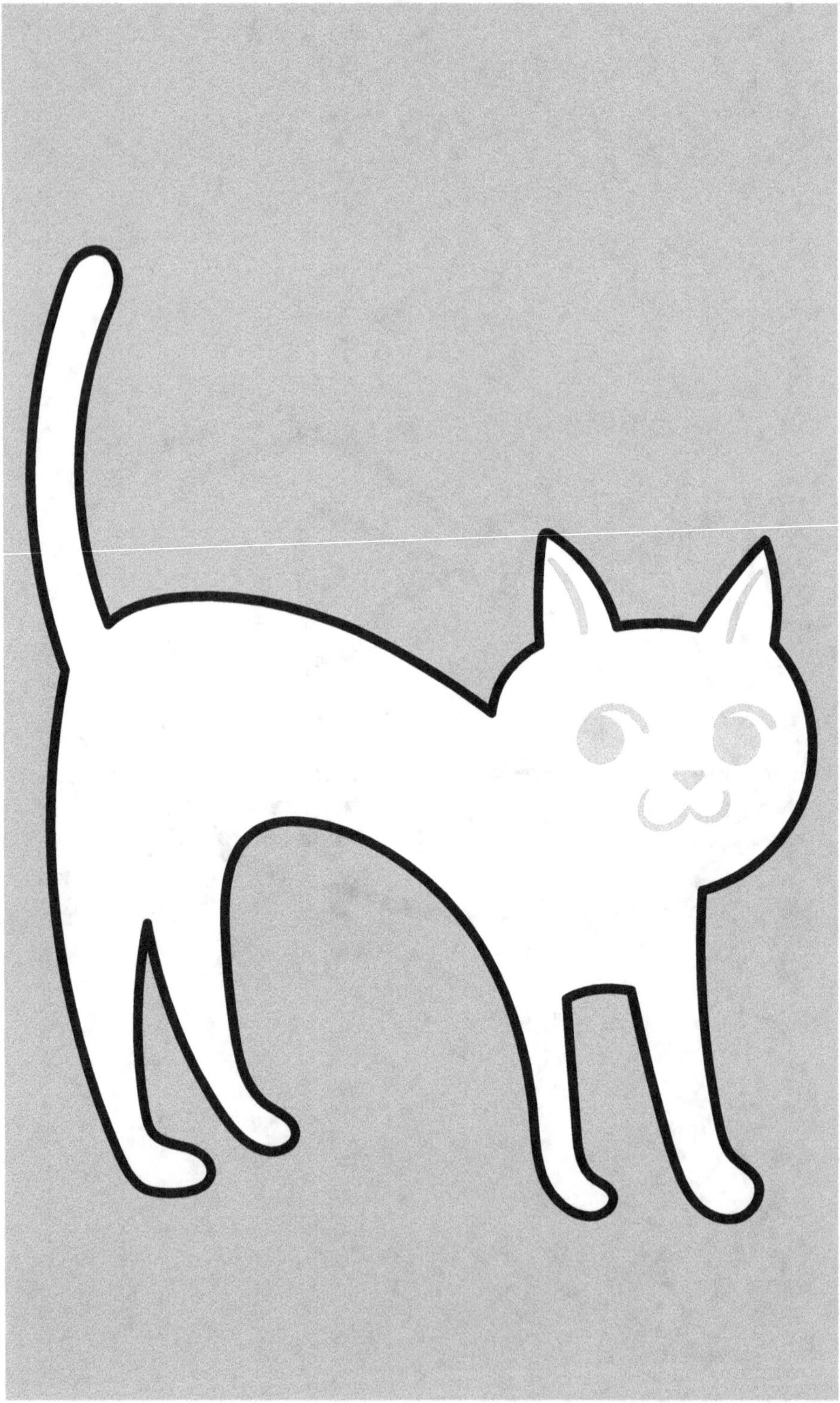

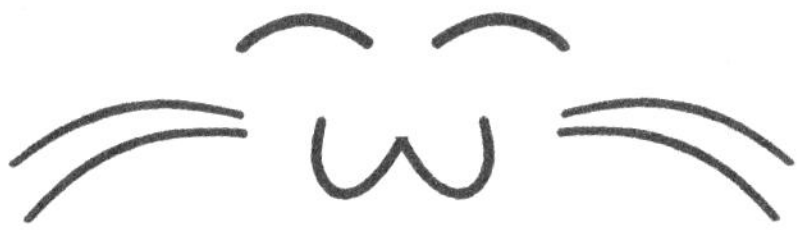

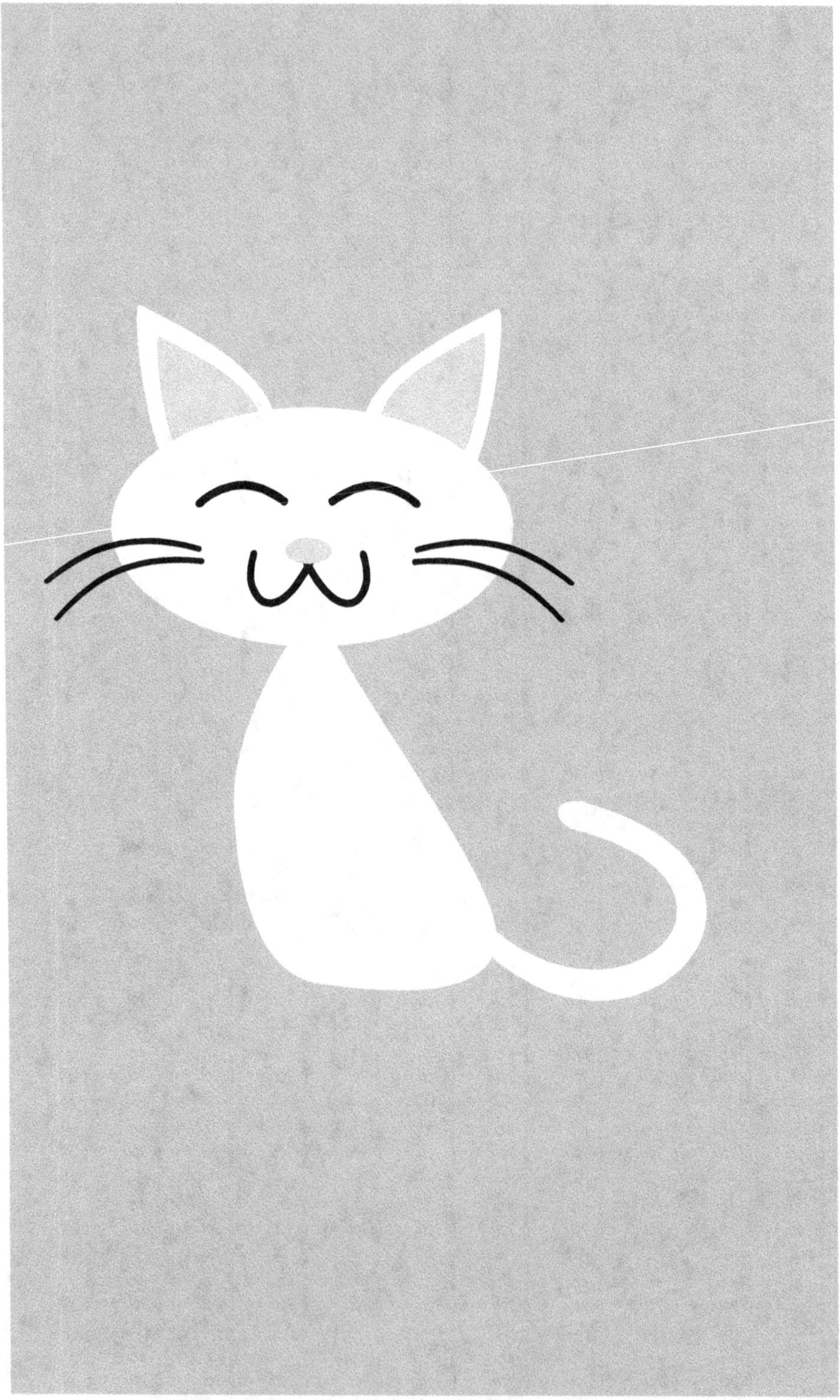

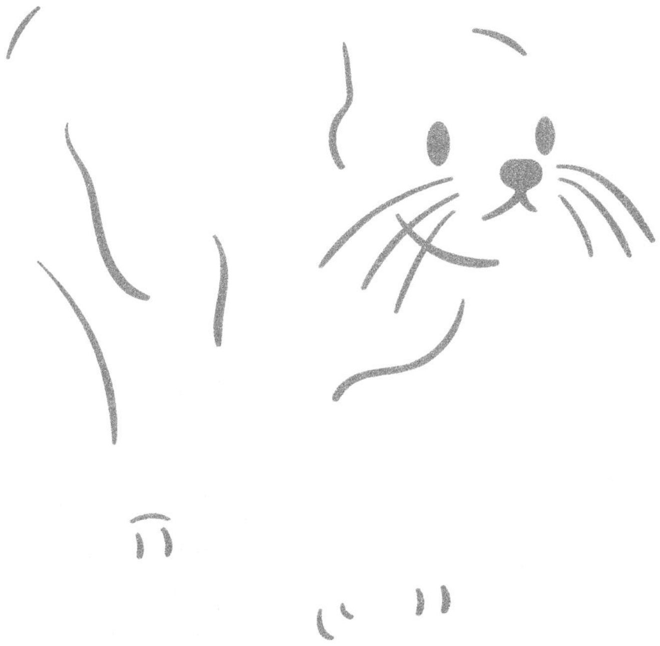

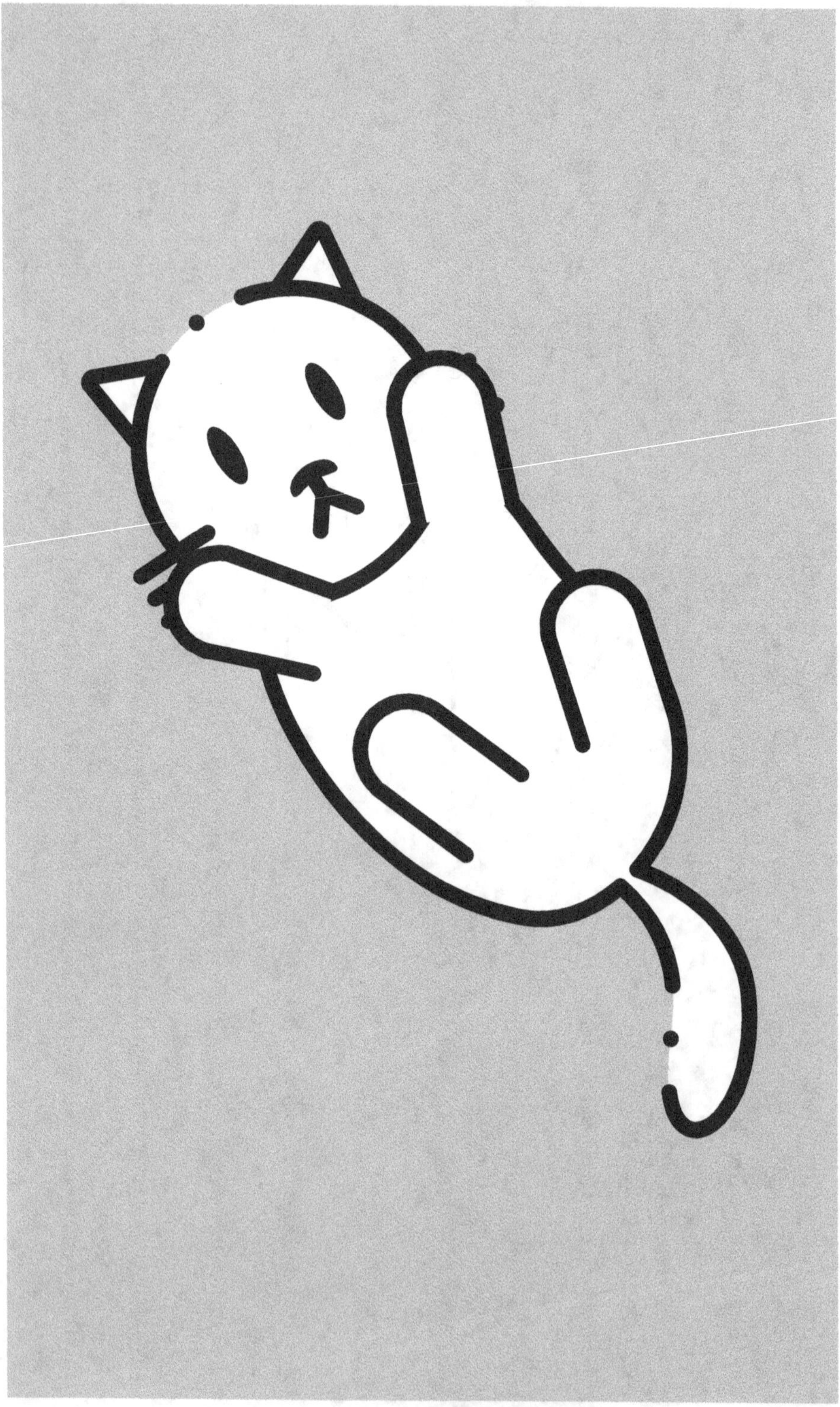

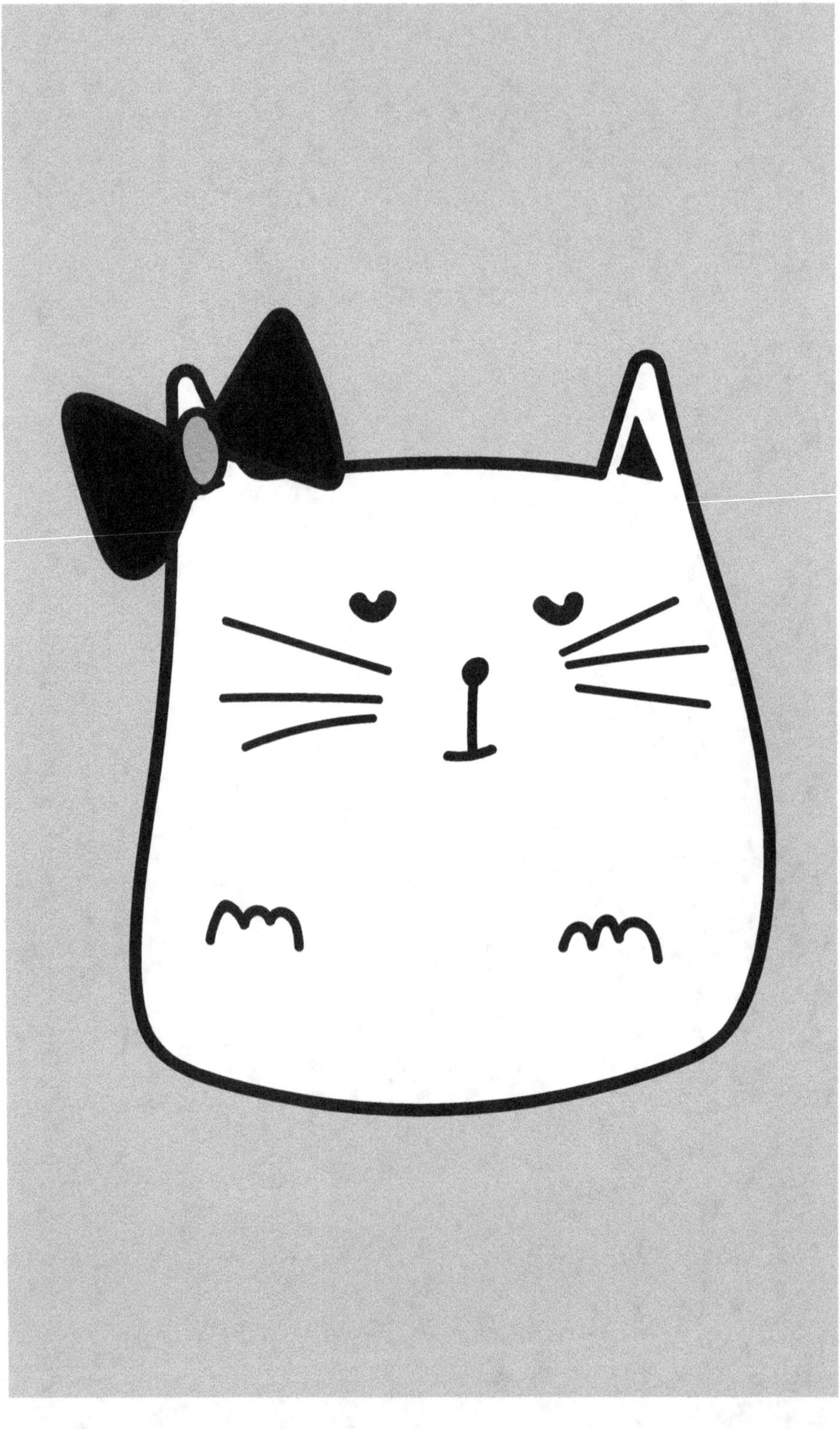

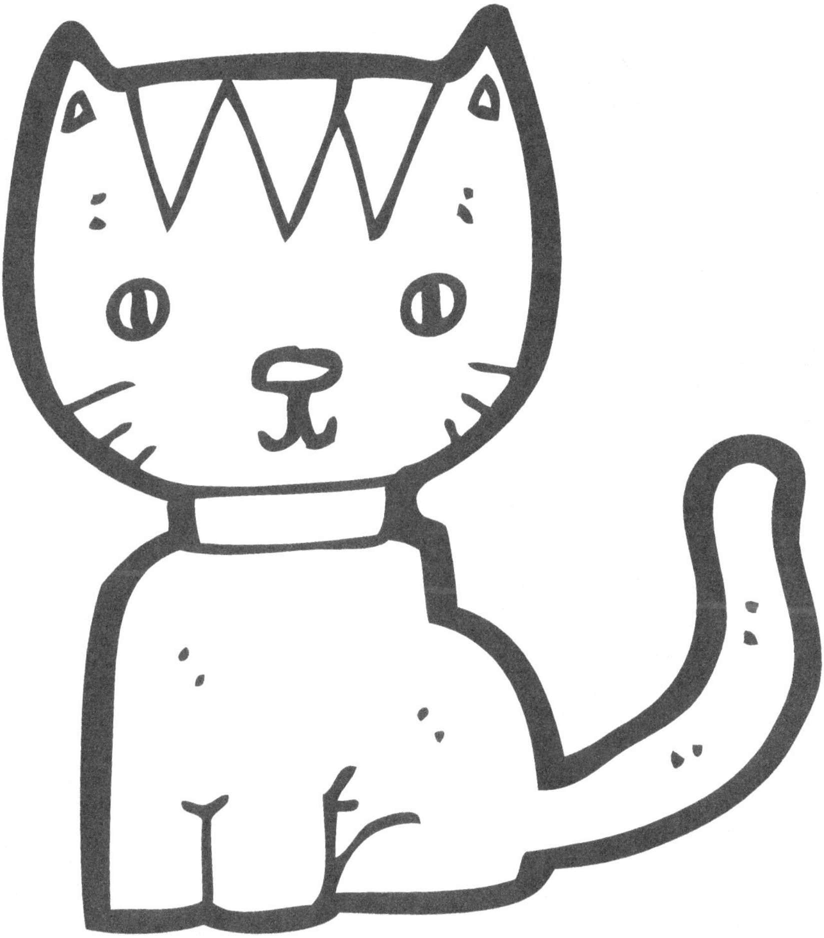

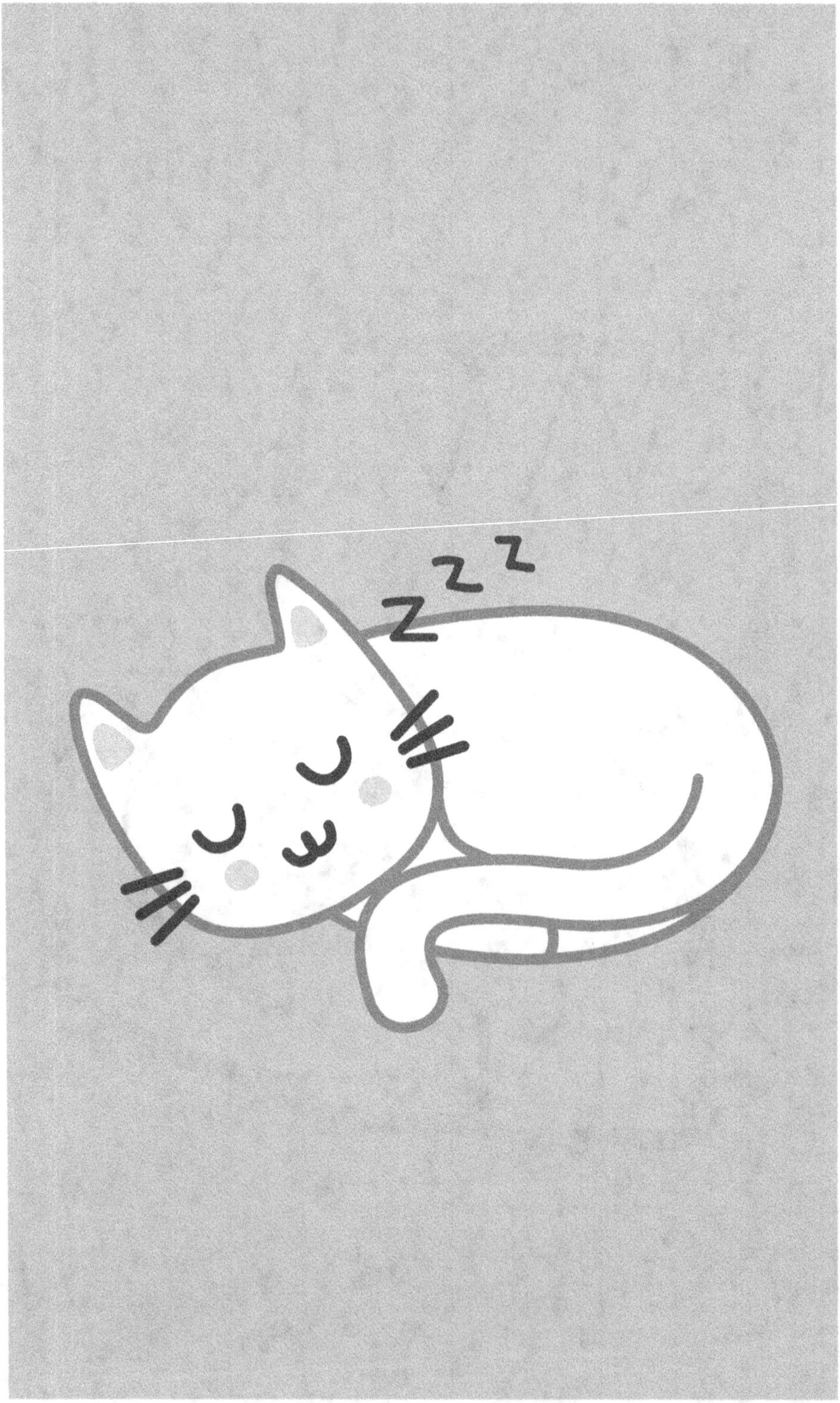
ZZZ

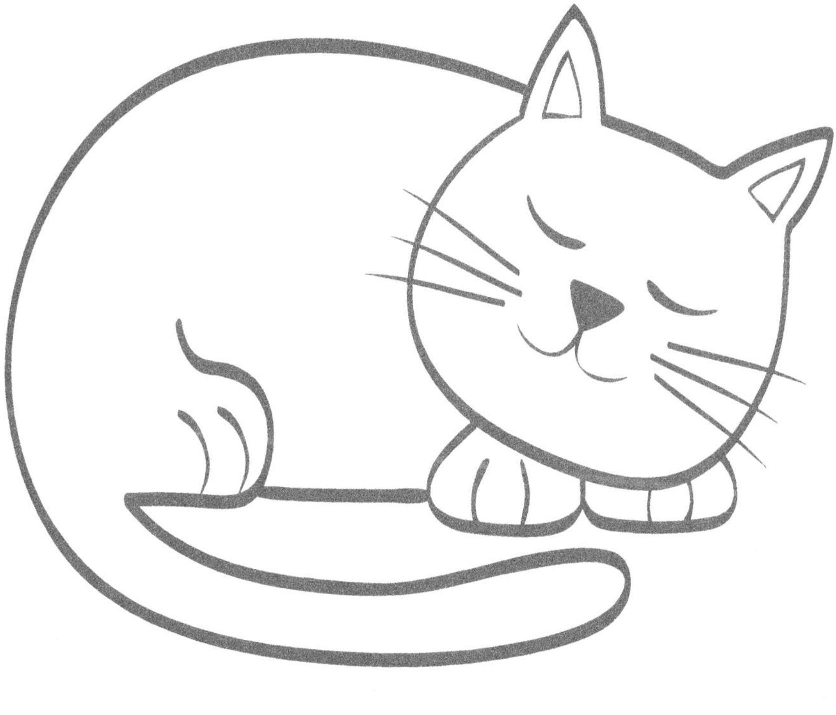

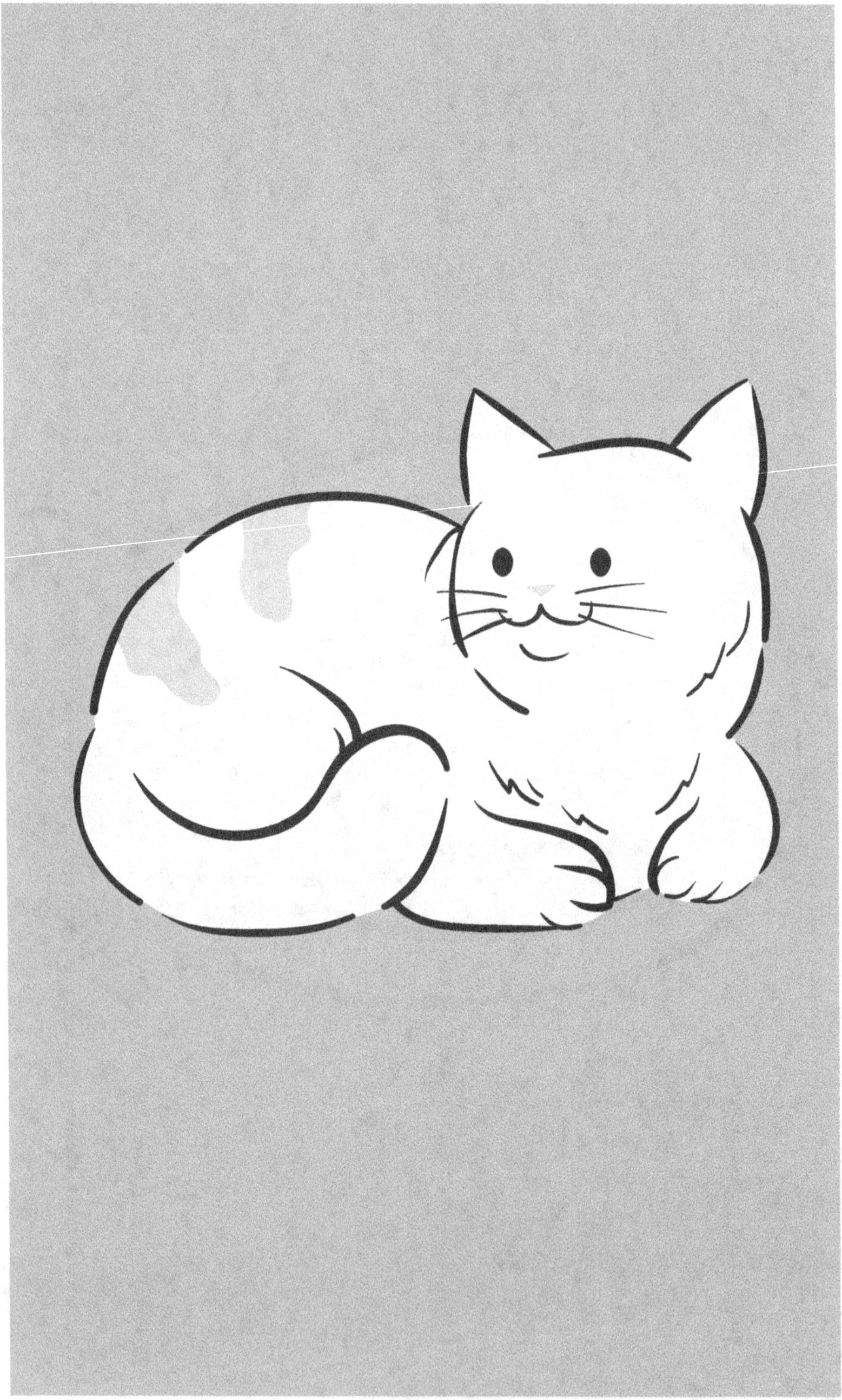

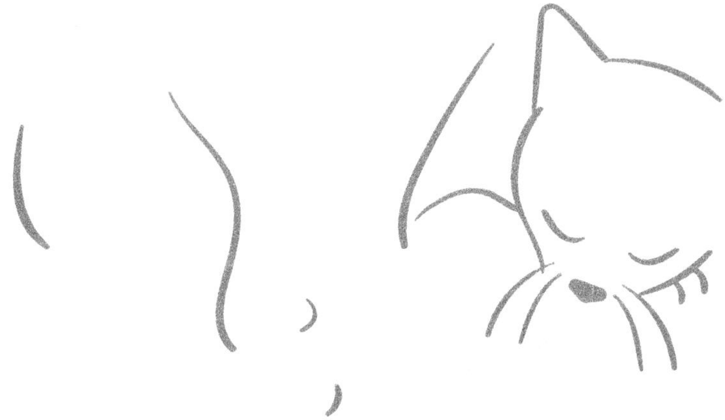

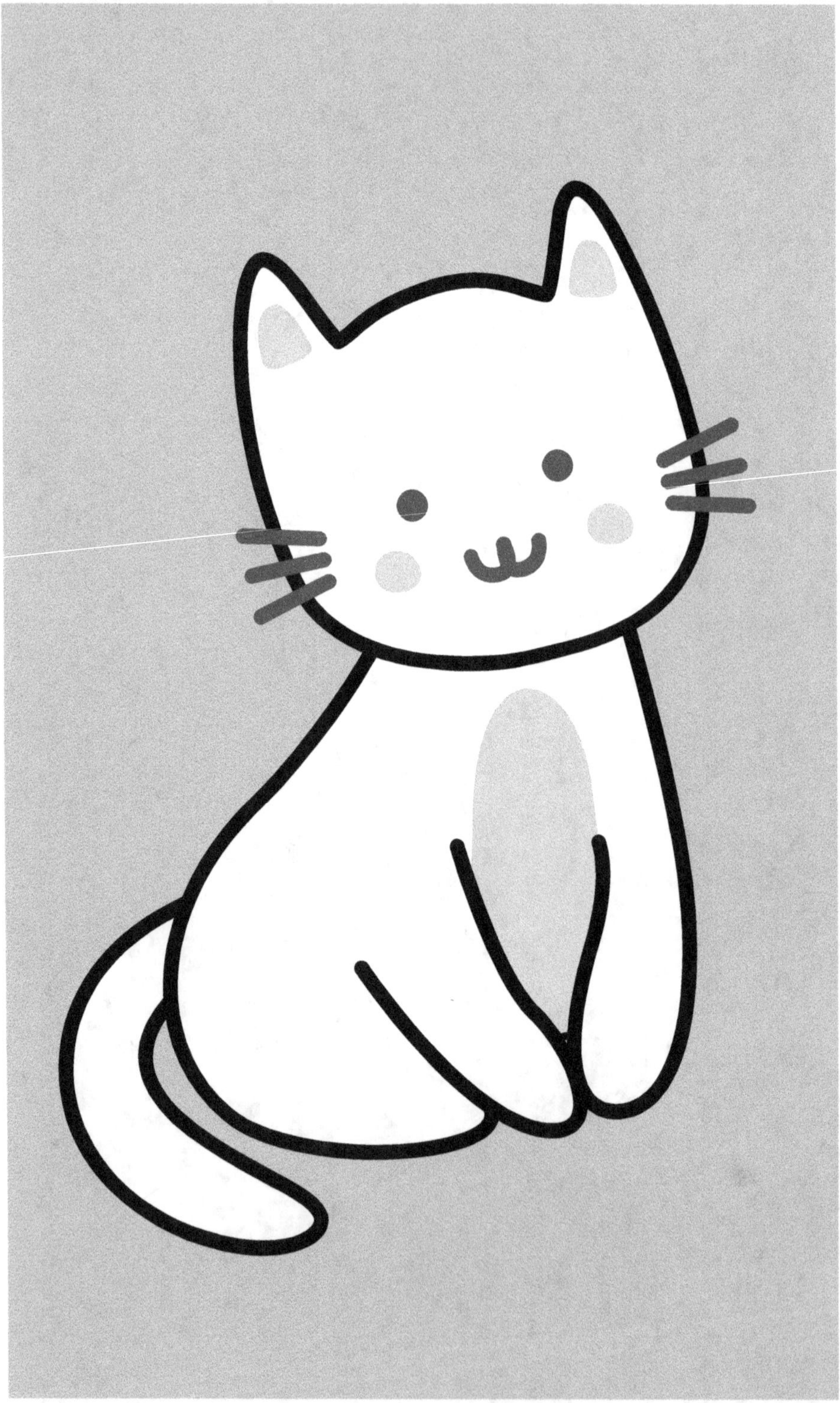

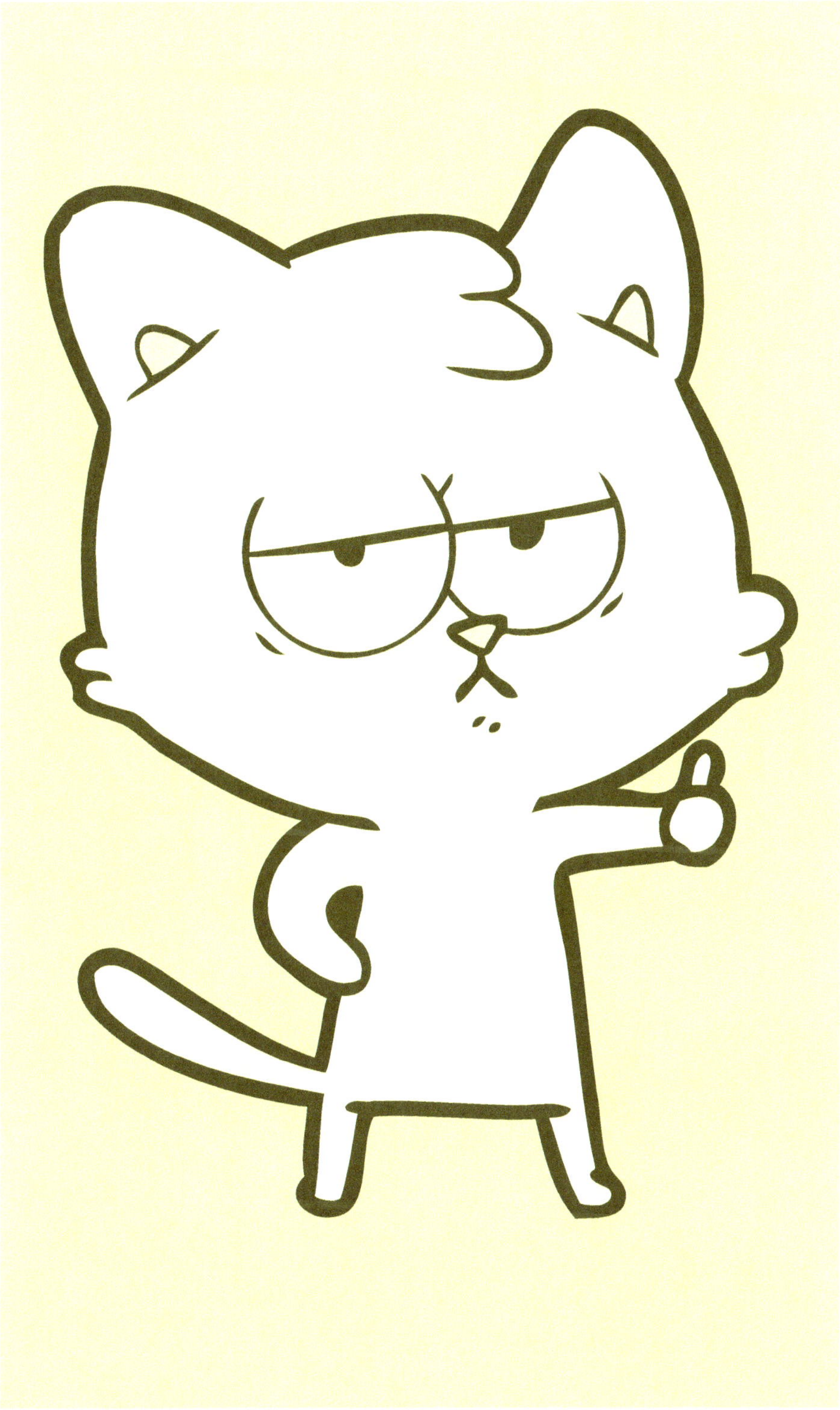

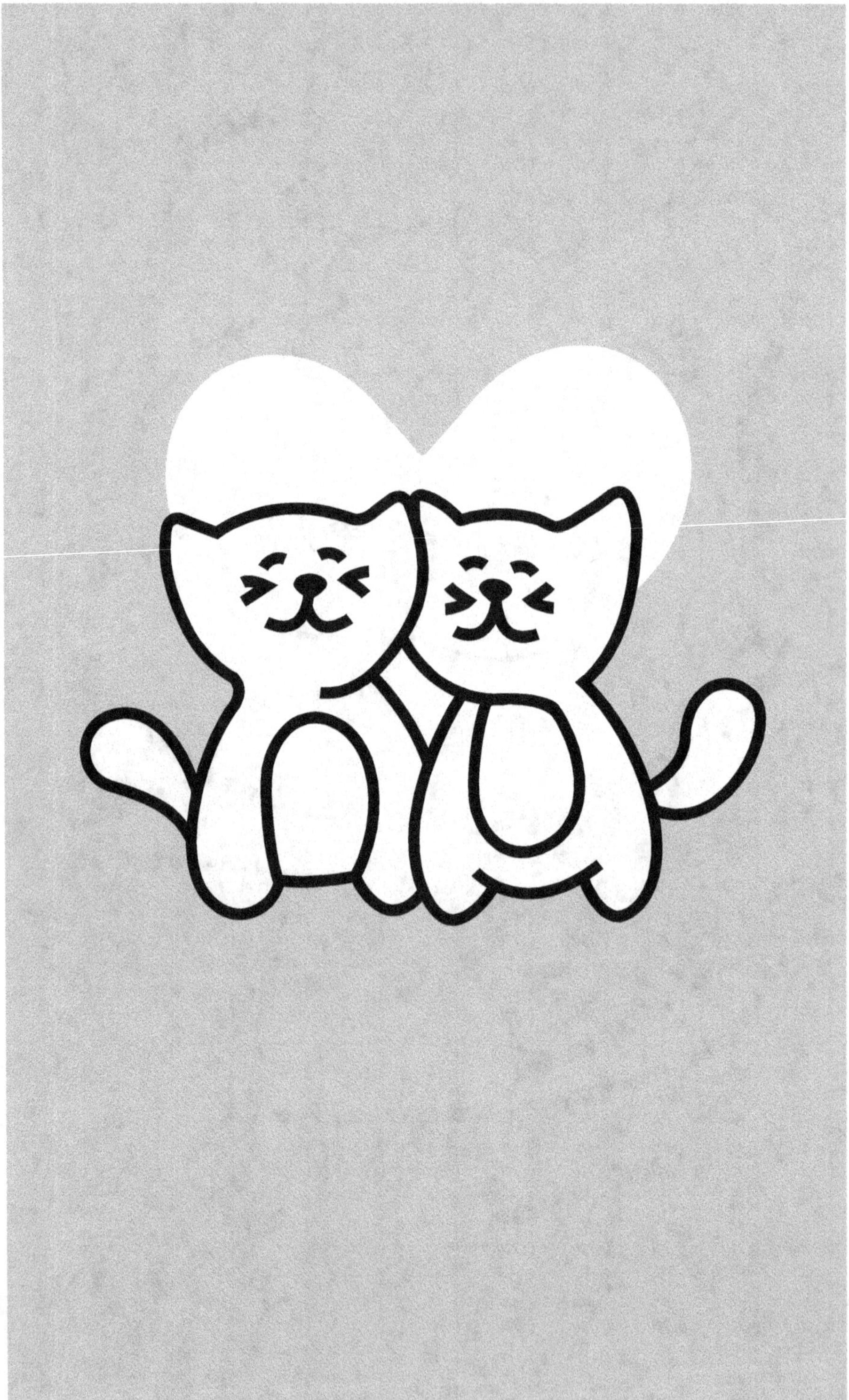

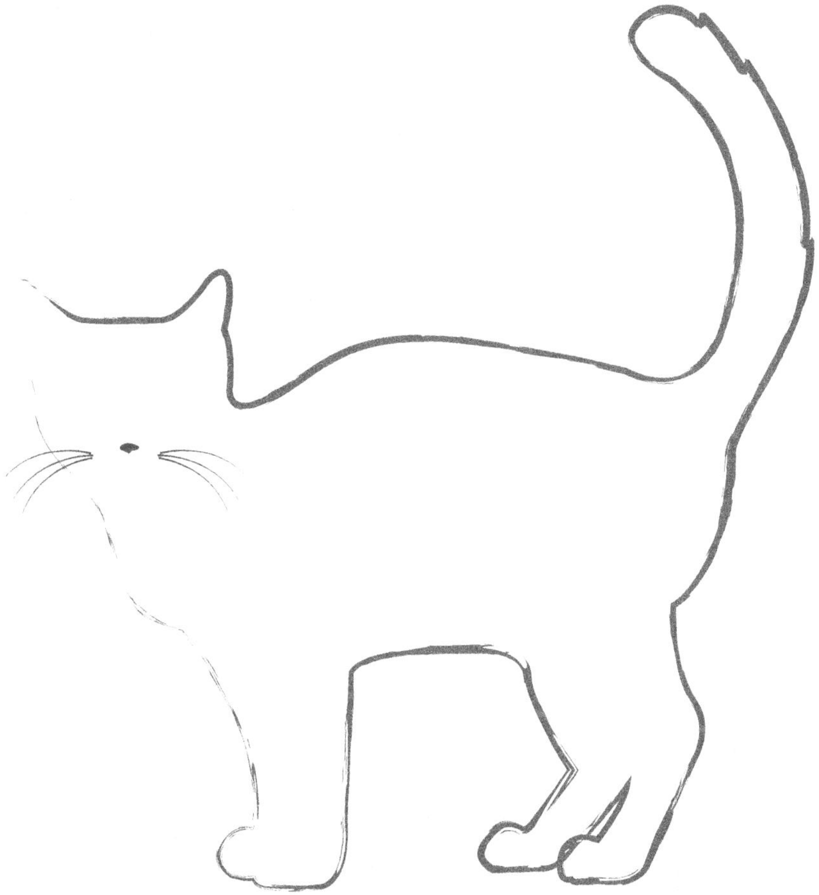

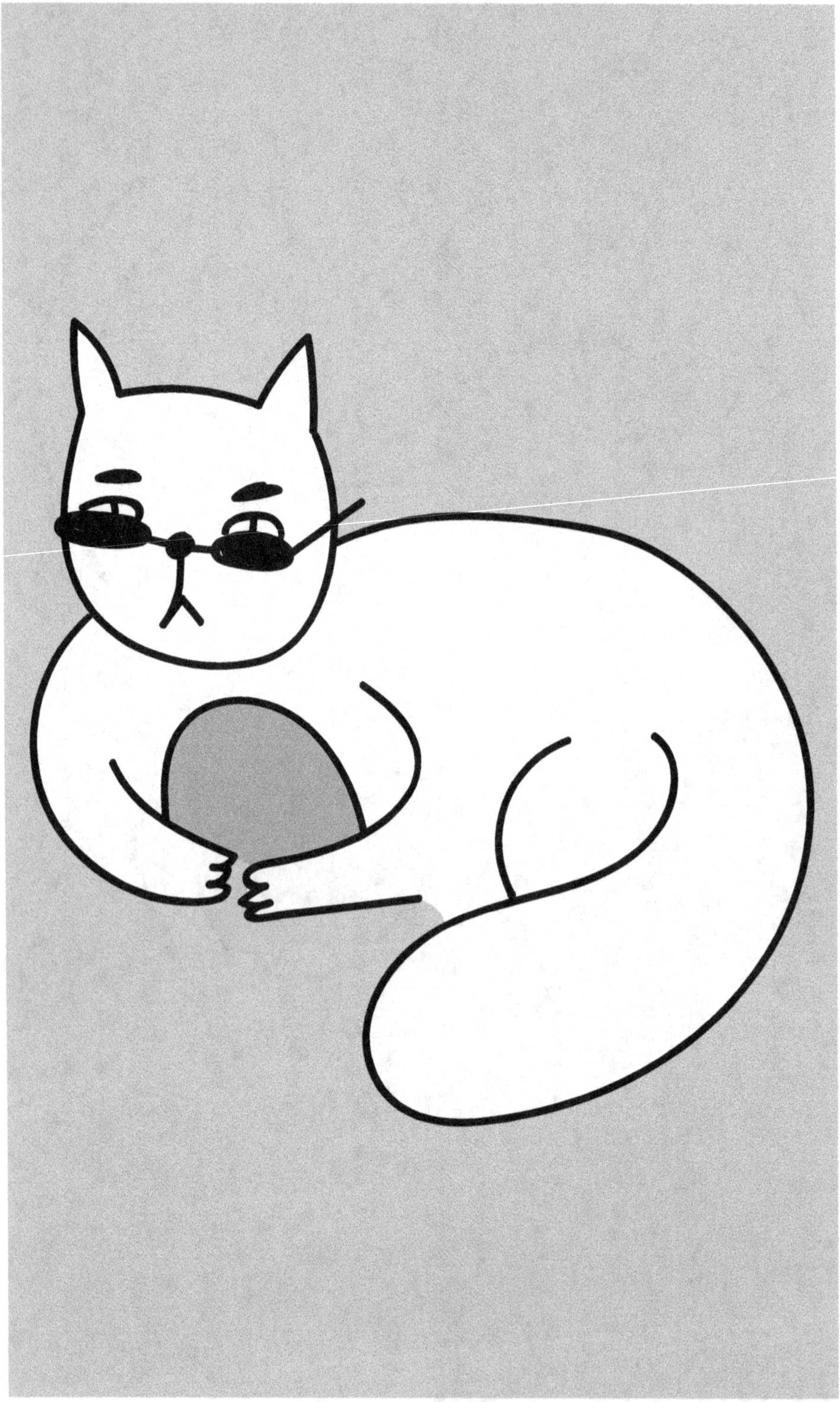

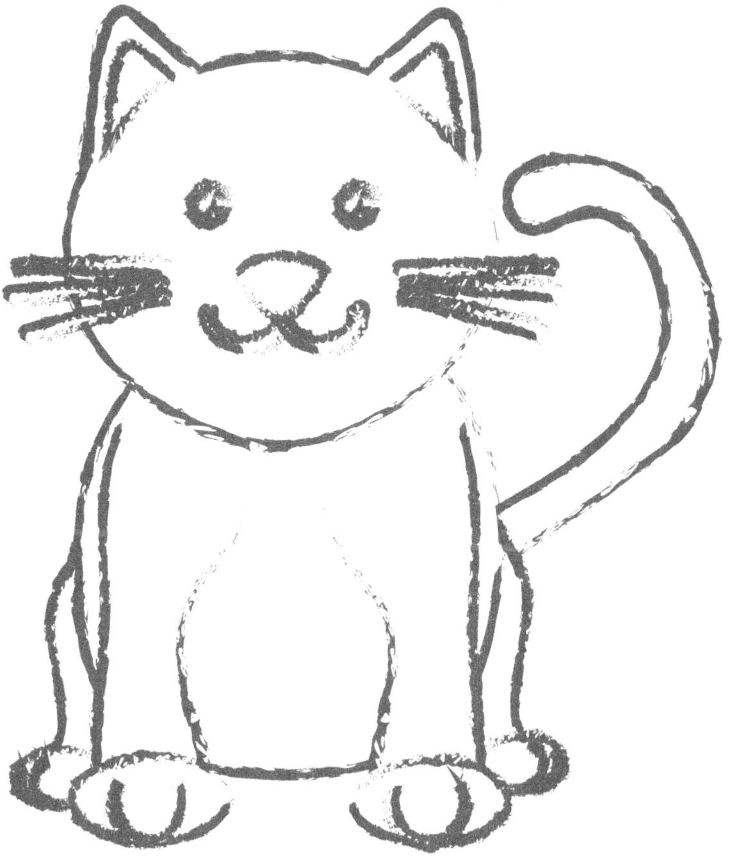

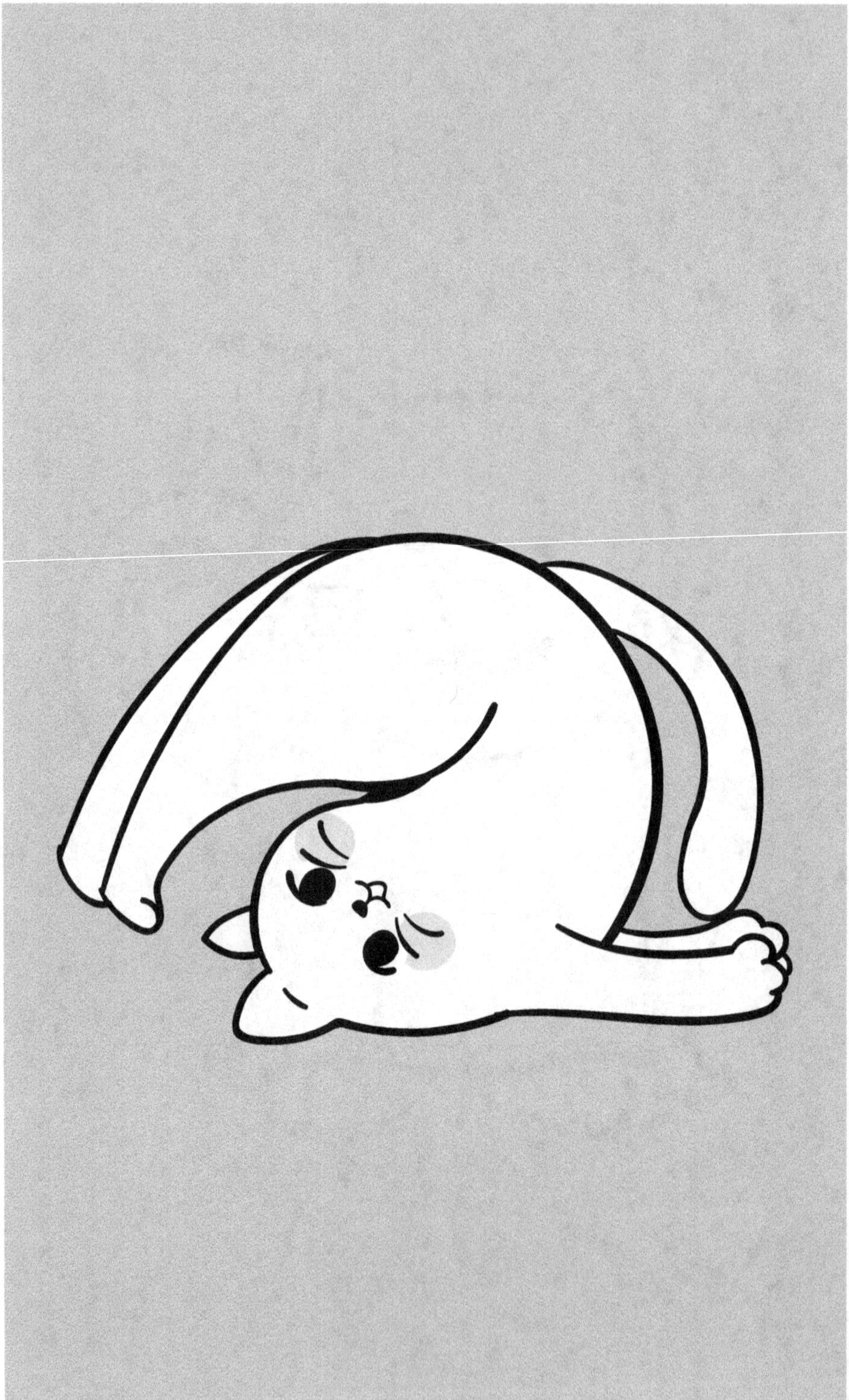

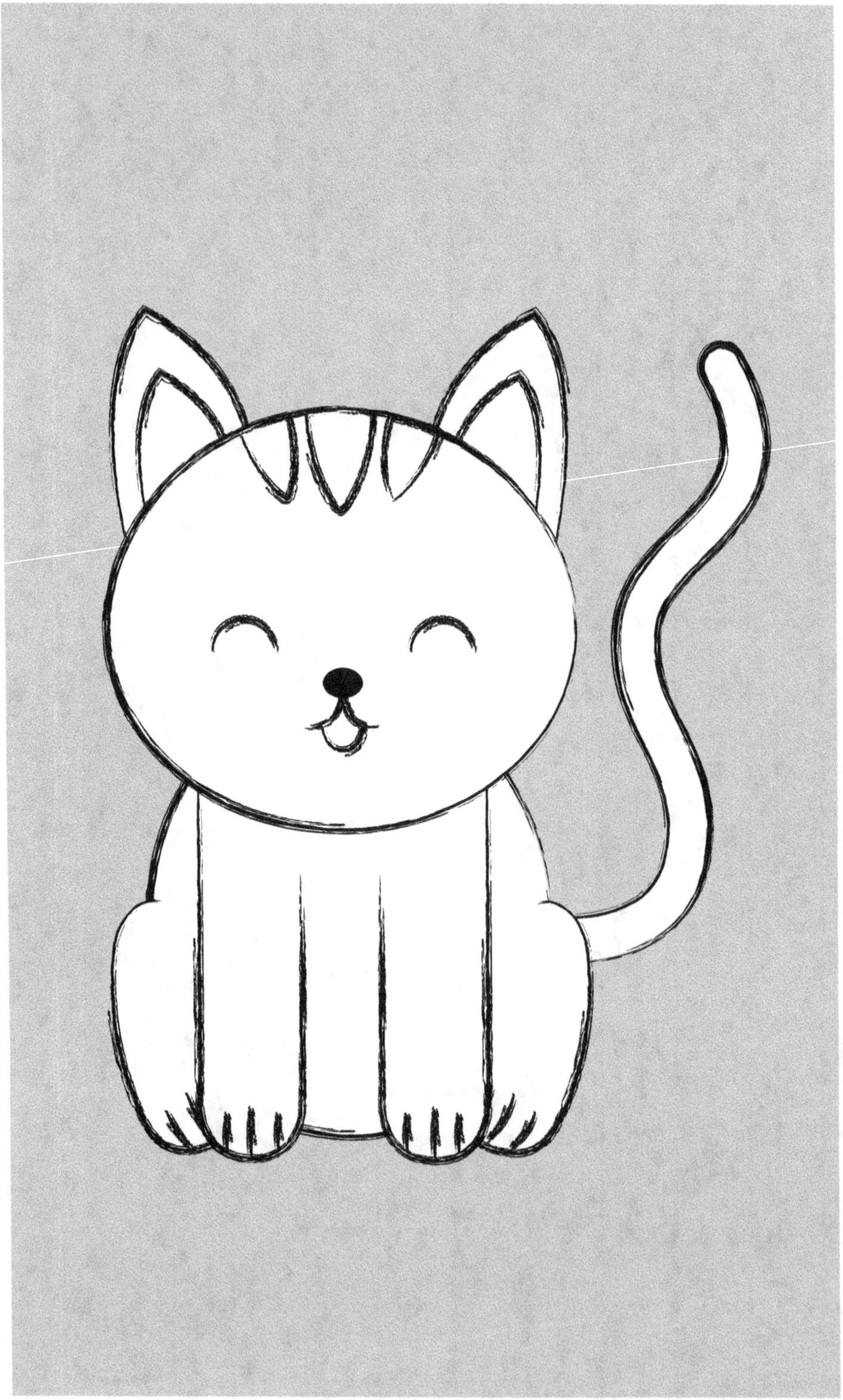

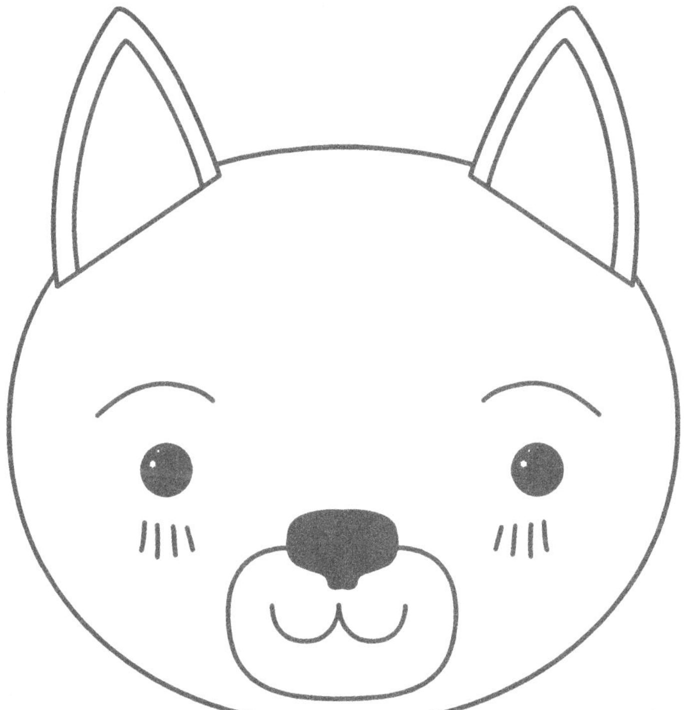

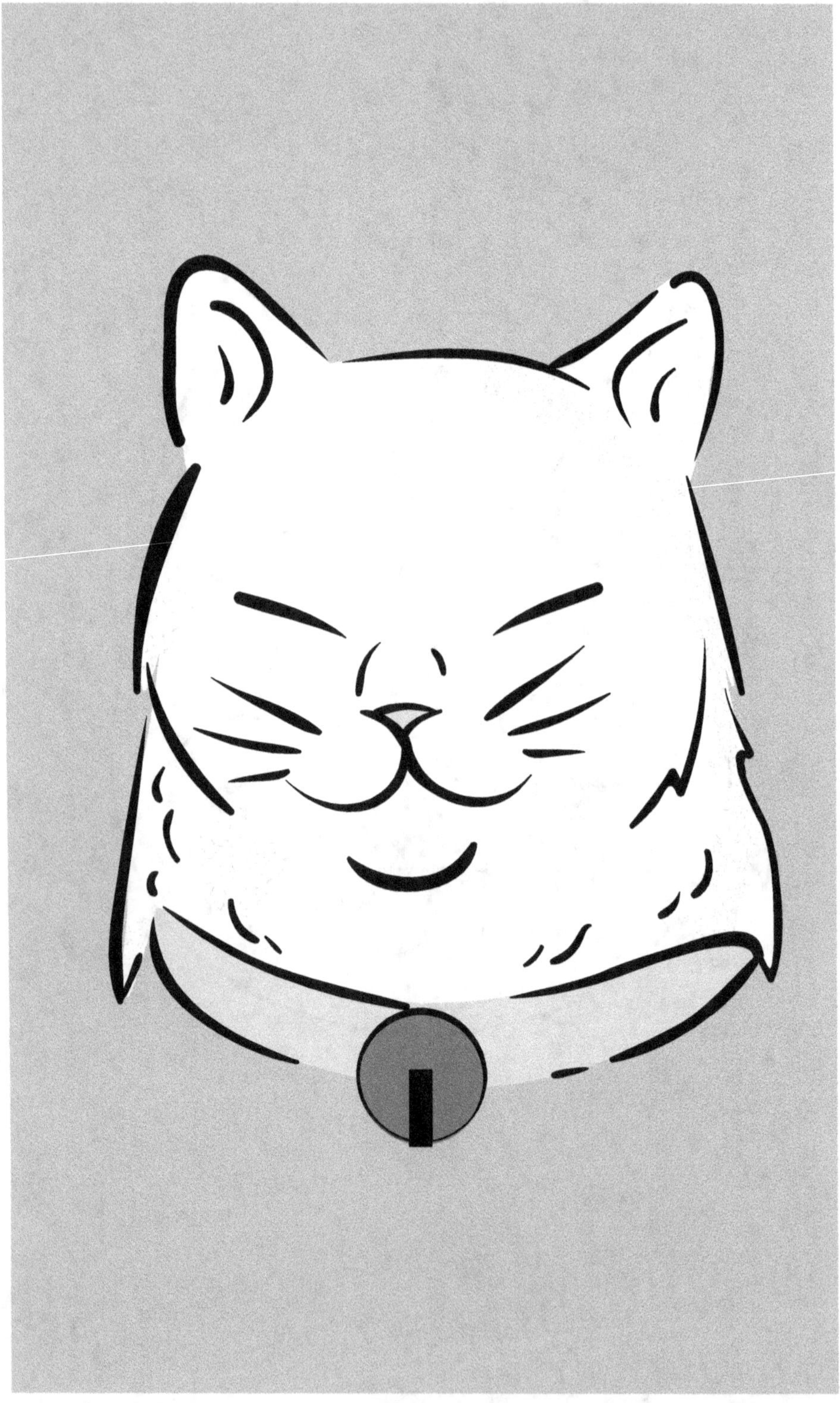

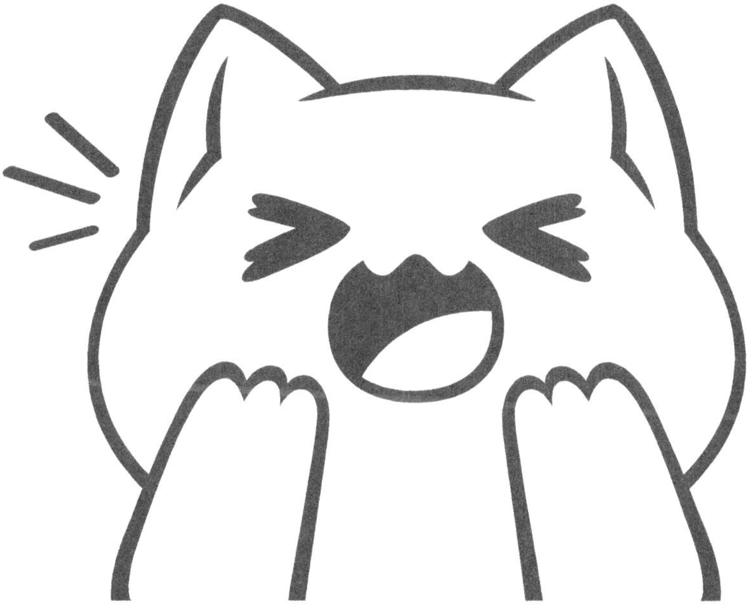

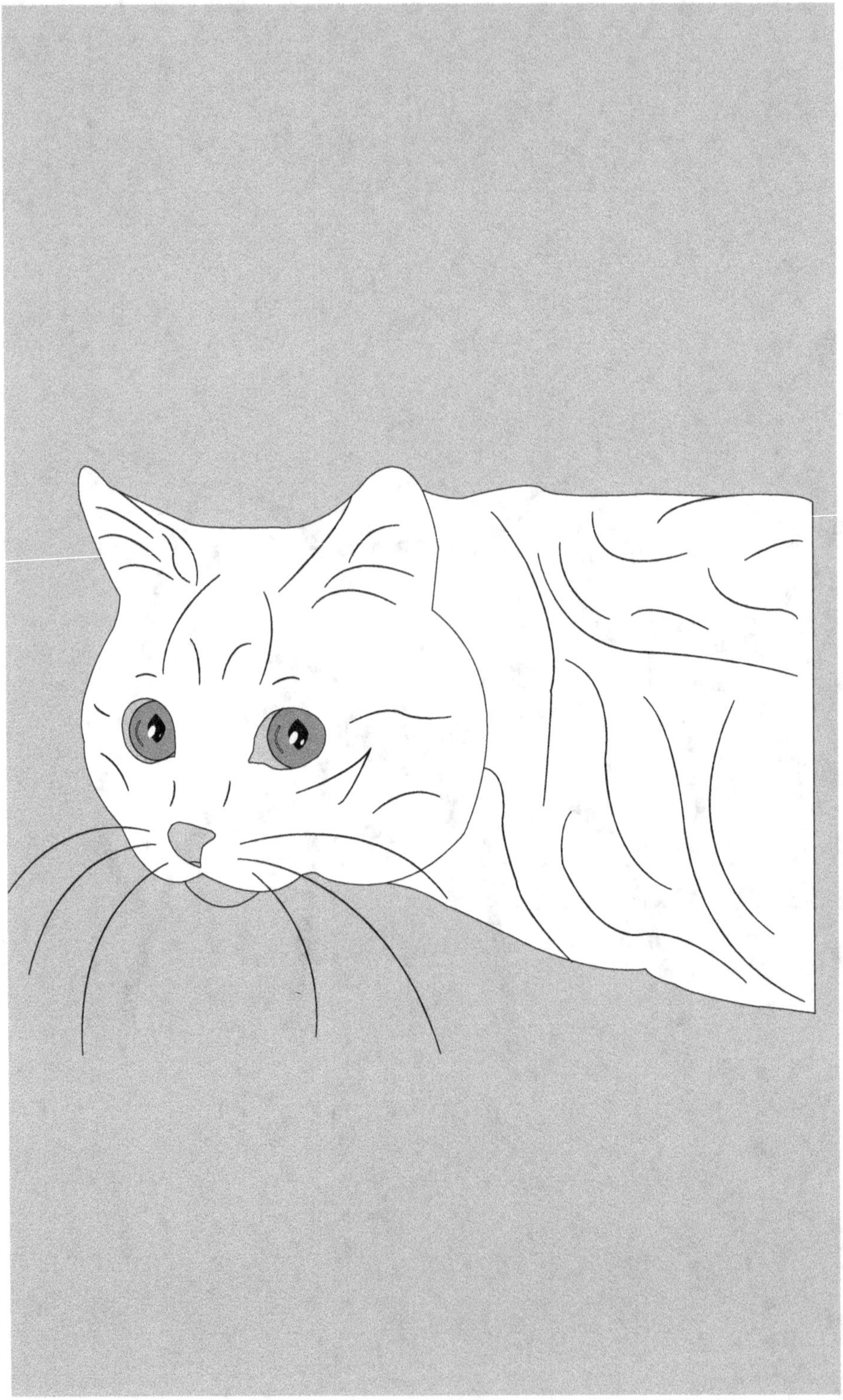

www.ingramcontent.com/pod-product-compliance
Lightning Source LLC
Chambersburg PA
CBHW030045230526
45472CB00005B/1686
* 9 7 9 8 4 2 2 9 7 6 3 9 3 *